腸の大部分は筋肉でできていますが、腸筋という
言葉があるわけではありません。
本書では、『腸を動かすこと』を『腸筋を鍛える』
と表現しています。

腸筋を鍛えると、ポッコリお腹を凹ますことができるのです。

腸筋を鍛える『腸筋レシピ』を食べて、
ペッタンコお腹を手に入れましょう！

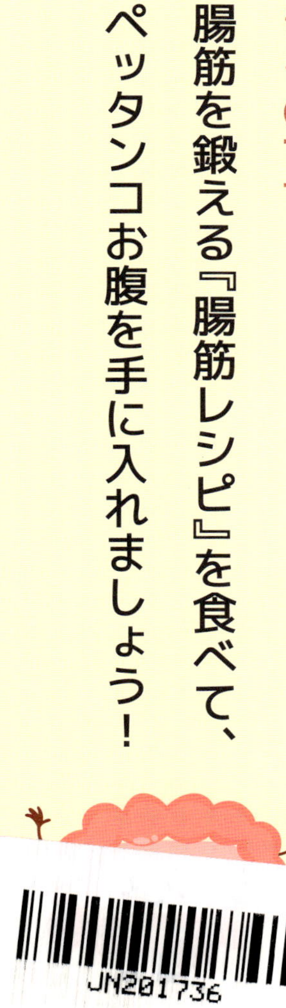

プロローグ

腸筋を鍛えてお腹ペッタンコ

■ポッコリお腹を放置 or 改善どっち？

多くの人は中高年になってくると「お腹が出てきちゃってなかなかやせない」という悩みを抱えているのではないでしょうか。確かに年齢を重ねると基礎代謝が落ちてくるため、お腹に脂肪も付きやすくなります。

しかし、**お腹が出ていない人もたくさんいます。**

お腹の出ていることを嘆いているそこのあなた。そのお腹、そのまま放置するつもりですか？
それとも「できることならば、いますぐ改善したい！」と、思っていますか？

お腹が出ていることを「体質だから」とか「忙しくてダイエットする時間がない」などと言い訳ばかりしていたら、永遠にポッコリお腹のままです。

ここから一歩。勇気を出して前へ進んでみましょう。

『お腹がペッタンコになる』という夢は幻想ではないのです。

ちょっとしたコツを実践するだけで、2週間後のあなたのお腹は見違えるようにペッタンコになるはずです。

腸筋を鍛えるといいことだらけ

『腸筋』という言葉はあまり耳慣れない方も多いと思いますが、これは造語です。腸はそのほとんどが筋肉でできていますが、ここでいう「腸筋を鍛える」は、「腸を動かす」という意味になります。

腸筋を鍛えはじめるとすぐに表れる体の変化として「便秘の改善」があげられます。これは実に多くの方が実感することになります。排便の仕組みは、腸の蠕動(ぜんどう)運動によるものが大きく、グイグイ動いてくれないことにはスルッと出すことができないのです。この便秘が改善されることで、栄養素の吸収がスムーズになります。

栄養素の吸収が良くなると太りやすくなるのでは？　と思うかもしれませんが、答えはＮＯです。しっかり栄養素が吸収されることで代謝が促され、太りにくくなります。さらに栄養素が体全体に行き渡るようになります。

体の末端にまで栄養素が運ばれることで、お肌や髪の毛が潤いはじめます。人間の体は、重要な臓器から優先して栄養が運ばれるようになっているため、お肌や髪の毛など外に行くほど後回しになるのです。

末端まで十分に栄養素を行き渡らせるには、バランスの良い食事を摂ることはもちろん、摂った栄養の吸収率をアップさせることが大切です。

腸がきれいになるとどういうメリットがあるのでしょうか。まず、代謝を促すのに必要なビタミンB群などが作り出されます。腸内環境が良くなることで、太りにくく痩せやすい体になることにつながります。

つまり、**腸筋がよく動くことで、食べた物の吸収や排泄がスムーズになり、お腹もスッキリしてくるのです。**

腸が健康であることは、免疫力アップにもつながります。健康維持のためにもこの機会に腸筋を鍛えて、元気できれいな腸を目指そうではありませんか。

■腸筋に役立つバランスの良い食事

日本人の食事摂取 2015 年版より

上の図は日本人の健康と維持増進のために厚生労働省から出されているものです。

炭水化物、脂質、たんぱく質のバランスが整った食事を摂ることで、体が本来持っている力をどんどん目覚めさせ、食べながら代謝を上げることができるようになります。

炭水化物、脂質、たんぱく質はカロリーがあります。カロリーを気にする方もいると思いますが、摂取カロリーが多いか少ないかではなく、脂質が増えすぎないようにバランスを取ることでお腹のサイズダウンに近づくのです。

そのために、**ごはんとおかずの割合が6対4になるような食事を心がけてください。ごはん＋味噌汁＋おかず1品（たんぱく質）の一汁一菜がおすすめです。**

ごはんに雑穀を混ぜたり、味噌汁に野菜、きのこ、海藻類を加えたりすることでビタミンやミネラルが摂れ、代謝をスムーズにさせます。また、腸内環境を整えてくれる食物繊維も補えます。

さらによく噛んで食べることで、腸の筋肉がグイグイ動きます。筋肉が動くという事は筋トレをしていることと同じ状態です。毎食噛むことを意識し、1日3回の食事を楽しみながら摂りましょう。

外食が多い方、昼食や夕食にお肉やお魚類が多い方は、朝食でごはんの比率を高めにして、1日の食事のバランスを整えましょう。

2週間でお腹は凹む

きちんと食事をする、意識を変える、するとお腹は2週間で凹みます。

「食べたら太る」という意識は捨て、食べることでエネルギーを作りどんどん熱として燃やしているイメージを持つことから始めます。メンタルから受ける影響もとても大きいのです。

おすすめの食材に、玄米の若い芽を摘み取った『若玄米』というものがあります。デトックス力に優れ体の老廃物を出してくれることが特徴です。代謝を高めるには体に溜まった不要な物を出すことで効率が良くなります。

若玄米は食物繊維が豊富で、噛み応えのある穀類です。しっかり咀嚼することで消化吸収もよくなります。また白米と同じように炊くことができるので手間がかかりません。

もっちりとして美味しい若玄米を咀嚼して食べることで、胃と腸がグイグイ動き腸筋もしっかりと鍛えられ、便通が良くなる、お腹が凹む、肌質が変わるなどの変化が表れます（個人差があります）。私は若玄米を1日2合食べ、便通がとてもよくなり、お腹がスッキリしました。

しっかり食べてお腹スッキリ！　腸内をデトックスさせてお腹ペッタンコを目指しましょう。

はじめに

『腸筋を鍛えてお腹を凹ませる』。

これは、食事制限や無理な運動をして痩せるということではありません。本書にかかれているメソッドを日々の食事に取り入れるだけで、いつのまにかお腹がペッタンコになるというものです。

私は学生の頃から太りやすく、食事制限ダイエットとリバウンドを繰り返していました。便秘もひどく、下腹がポッコリ出ていることがとても苦痛でした。

出産で体重が増加し70kgを超え、産後もすぐには戻りませんでした。その頃、日持ちがするという理由で買い置きをしていた『こんにゃく』を試しに冷凍して味噌汁に入れてみると、こんにゃくの食感が変わり、噛んで食べることがとても楽しくなったのです。そして、ごはんとこんにゃく入り具だくさん味噌汁にぬか漬け、お魚やお肉といった一汁一菜を食べるようになると、みるみる体重が減り、

半年後にはもとの体重に戻っていました。この食生活を続けたおかげで、第二子出産の時にはわずか7kgしか増えず、太るのは体質ではなく食習慣が問題だったことに、初めて気づかされました。

日本健康食育協会代表理事柏原ゆきよ先生からお米のことや「健康食育」の教えを受け、本格的に食改善を行うと便秘が解消し体温が上がりお肌の艶がよくなりました。そして、自然と体重をキープできるようになり、ダイエットの必要がなくなったことで心も体もとても楽になりました。

人間の細胞は食べた物だけでできています。食べ物を変えるとどんどん細胞レベルで体が変わってきます。

ぜひ皆さんもちょっとした習慣を取り入れるだけで、体に表れる大きな変化を実感してみてください。

節約美容料理研究家　金子あきこ

CONTENTS

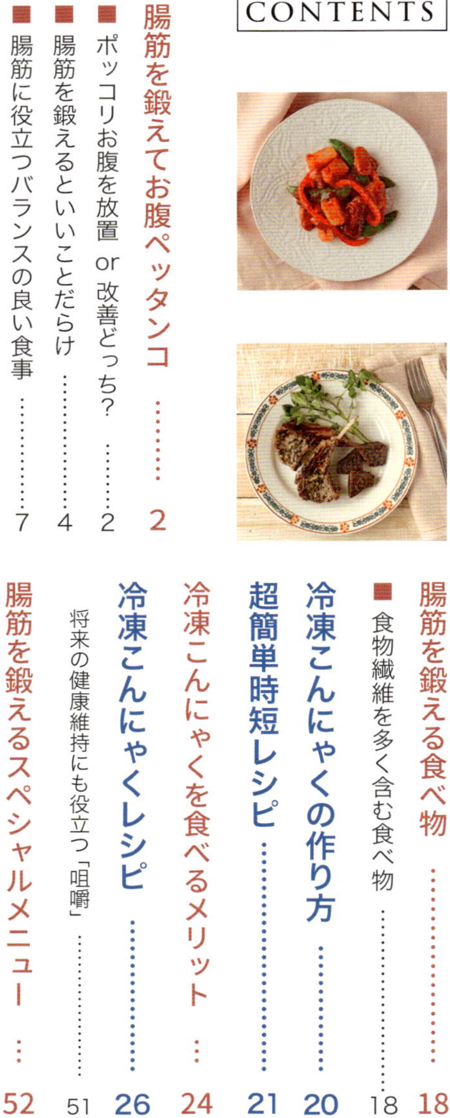

腸筋の鍛え方

■ 胃腸をしっかり動かす

「胃腸をしっかり動かす方法」について、おそらく一般的に知っている人はあまり多くはないことでしょう。どんなに頭で考えても、残念ながら人間の意志では動かすことができません。

では、どうしたら動かすことができるのでしょうか。それは、食べ物を胃に入れることです。胃は、消化をするためにグイグイ動き始めます。

先程、腸のほとんどが筋肉でできているとお伝えしましたが、胃もそのほとんどが筋肉でできています。

そして胃の筋肉をしっかり動かすための最大のポイントが、「咀嚼（そしゃく）」となります。とにかく、食べ物は口の中でしっかりとかみ砕いてから胃に送り込むことが重要なのです。**「咀嚼（そしゃく）」が胃腸を動かすスイッチの役割をするのです。**

腸筋を鍛えるには、1にも2にも咀嚼（そしゃく）が大切です。

「腸筋を鍛える食べ物」

■食物繊維を多く含む食べ物

腸筋を鍛える食べ物として一番に挙げられるのが、食物繊維を多く含む食べ物になります。

食物繊維は穀類である大麦やひえ、たかきび、そばの実や、根菜を中心とした野菜、芋類、きのこ、海藻などに多く含まれています。

中でもこんにゃくは、不溶性の食物繊維が多く、便のカサを増し、排便を促し、腸内環境を整える働きがあるため、食事で欠かさず取り入れるこ

とをおすすめします。

こんにゃくに含まれる食物繊維の量は100g当たり2・2gです。しかもこんにゃくのほとんどは水分のため、凍らせて水分を抜いてから料理をすることで、100gのこんにゃくもペロッと食べることができます。

さらに、こんにゃくは凍らせることで歯ごたえのある食感が生まれ、咀嚼(そしゃく)を増やすことができるのです。

冷凍こんにゃくは、腸筋を鍛える2大要素である咀嚼(そしゃく)の回数を増やし、食物繊維を多く含む理想的な食材です。

しかも、凍らせたこんにゃくは肉のような食感になるため、材料に加えるだけで満足感があり、食べすぎ防止のダイエットレシピに変身！　ペッタンコお腹になるための万能選手を大いに活用しましょう。

スーパーダイエットフード

冷凍こんにゃくの作り方

袋のまま冷凍こんにゃく、冷凍しらたきを作る

❶ 買ってきた袋のまま冷凍庫に１日入れる。

❷ 取り出し、常温または冷蔵庫で解凍する。

❸ 袋から取り出し、ポリ袋に入れて水分をよく絞り、ペーパーで水気をとる。

切ってから冷凍こんにゃく、冷凍しらたきを作る

❶ 必要な大きさに切り、アルミのバットにのせ１日冷凍する。

❷ 使用する前に解凍し、ペーパーで水気をとる。

❸ １週間以内に使い切る。

凍らせると、 こんなにしぼむんだね

冷凍

※ 小さなお子様や歯の悪い方、嚥下の悪い方はお控えください。

冷凍こんにゃくを使った一品料理

超簡単時短レシピ

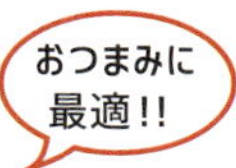

1.

つきこんにゃくと昆布の佃煮和え

つきこんにゃくはペーパーで水気をとり、刻み昆布と合わせる。

材料

つきこんにゃく 100g
昆布の佃煮 30g

2.

つきこんにゃく in カップラーメン

カップラーメンを指定通りに作り、でき上がったらペーパーで水気をとったつきこんにゃくを加える。

材料

シーフードラーメン..........1個
つきこんにゃく 60g

玉こんにゃくの
ピリ辛煮

玉こんにゃくの水気をとり、焼き肉のたれを絡め、500 W のレンジで 2 分間加熱する。

材料

玉こんにゃく 5個
焼き肉のたれ 大さじ1

刺身こんにゃくと
ガリの和え物

刺身こんにゃくはペーパーで水気をとり、甘酢生姜と和える。

材料

刺身こんにゃく 6枚
甘酢生姜 30g

【レシピの見方】

- こんにゃく、つきこんにゃく、しらたき、玉こんにゃく、刺身こんにゃくはすべて冷凍し水気をとったものを使用しています。
- こんにゃく、つきこんにゃく、しらたきは1袋200gとしています。
- 甘酒は米麹で作られているものを使用しています。

つきこんにゃくと もずくの和え物

つきこんにゃくはペーパーで水気をとり、もずく酢と和える。

材料

つきこんにゃく 100g
味付けもずく 1パック

6.

ツナマヨのせ 刺身こんにゃく

ツナとマヨネーズ、醤油を合わせ、ペーパーで水気をとった刺身こんにゃくの上にのせる。

材料

刺身こんにゃく 5枚
ツナ缶....................... 1/2缶
マヨネーズ 大さじ1
醤油.............................. 3滴

- 大さじ1は15ml、小さじ1は5mlとしています。
- フライパンはフッ素加工のものを使用しています。
- きび砂糖のレシピは上白糖で代用可能です。
- オリーブオイルや米油はサラダ油などでも代用可能です。
- だし汁は昆布やかつお節などでとった和だしを使用しています。

冷凍こんにゃくを食べるメリット

腸内環境を整える

腸内にある善玉菌の
エサになることで腸内環境
を良くする

便秘の予防や改善

食物繊維が水分を吸収し
便を柔らかくして
量を増やす

**血糖値の急な
上昇を抑制**

食事の際に食物繊維を
摂ることで血糖値の
上昇をゆるやかにする

コレステロールの吸収を抑制

食物繊維がコレステロールを吸着し排泄を促す

満足感が得られ食べすぎを防止

胃で水分を吸って膨らみ、満足感を得られる

その他

咀嚼（そしゃく）や唾液の分泌を促すなど、たくさんのメリットがある

咀嚼（そしゃく）を促す食べ物は「冷凍こんにゃく」が一番です。
こんにゃくは凍らせると弾力が出て、咀嚼（そしゃく）回数が増えるばかりでなく、
さまざまなメリットのある食物繊維も豊富に含まれています。
冷凍こんにゃくを食べて腸筋を鍛えましょう。

こんにゃくの主食レシピ

こんにゃくココナッツカレー

材料（2人分）

板こんにゃく……1枚
鶏もも肉……1/2枚
玉ねぎ……1/2個
おくら……6本
パプリカ赤……1/2個
にんにく……1かけ
オリーブオイル……小さじ2
鶏ガラだし（顆粒）……小さじ1/2
ココナッツミルク……1缶（400ml）

A［カレー粉：大さじ1、ナンプラー：小さじ2、ガラムマサラ：小さじ1/4］

塩……小さじ1/2
こしょう……少々
雑穀ごはん……適量

作り方

❶ こんにゃくは1cm厚のたんざく切り、鶏肉は一口大、玉ねぎとパプリカは乱切り、おくらは斜め半分に、にんにくはみじん切りにする。

❷ 鍋にオリーブオイルとにんにくを加え弱火で炒め、香りが出てきたら玉ねぎを加え炒める。

❸ ❶の残りの材料を加え中火で炒め、水100mlと鶏ガラだしを入れ、蓋をして4～5分煮込む。

❹ ココナッツミルクとAを加え、グツグツしてきたら弱火で5分煮込み、塩、こしょうで味を調える。

※ 辛さはカレー粉で調節してください。

こんにゃくの主菜レシピ

豚肉のコチュジャン炒め

材料（2人分）

白こんにゃく……1枚
豚小間肉……100g
ピーマン……2個
にんにく……1かけ
オリーブオイル……小さじ2
A［醤油：小さじ2、酒：小さじ1、コチュジャン：小さじ1］

作り方

❶ こんにゃくとピーマンは細めのたんざく切り、にんにくはみじん切りにする。
❷ フライパンにオリーブオイルをひきにんにくを弱火で炒め、香りが出たら、豚肉を加え中火で炒める。
❸ こんにゃくとピーマン、Aを加え水分を飛ばすように炒める。

こんにゃくの主菜レシピ

こんにゃくのベーコン巻き

材料（2人分）

板こんにゃく……1/2枚
ベーコン……4枚
アスパラガス……2本
バター……10g

作り方

❶ こんにゃくは8等分に切る。ベーコンは長さを半分に、アスパラガスは根元を切り落とし固い部分をピーラーでむき4等分に切る。

❷ ベーコンの上にこんにゃくとアスパラガスをのせて巻き、竹串で止める。

❸ 中火で熱したフライパンにバターを入れ、全体になじんだら❷をのせ蓋をして2～3分焼く。裏返し、蓋をして弱火で2～3分焼く。

こんにゃくの主菜レシピ

こんにゃくのケチャップ炒め

材料（2人分）

板こんにゃく……1枚
パプリカ赤……1/2個
ウインナー……4本
スナップエンドウ……6本
オリーブオイル……小さじ1/2

A［ケチャップ：大さじ3、酢：大さじ1、きび砂糖：小さじ2、醤油：小さじ2］

B［片栗粉：小さじ1/2、水：小さじ1］

作り方

❶ こんにゃくは1cm厚のたんざく切り、ウインナー、パプリカもたんざく切りにする。

❷ スナップエンドウは筋を取り、塩（分量外）をひとつまみ加えて茹でる。

❸ フライパンにオリーブオイルをひき、❶を加え中火で炒める。

❹ ❷とAを加え全体を合わせ、Bを入れとろみをつける。

こんにゃくの主菜レシピ

こんにゃくのとん平焼き風

材料（2人分）

板こんにゃく…………1/2枚
塩…………小さじ1/4
卵…………2個
オリーブオイル…………小さじ2
キャベツ…………1/8個
トマト…………1/2個
中濃ソース…………適量

※2枚分の分量

作り方

❶ こんにゃくは0.5cm厚のたんざく切りにし、小さじ1/8の塩を揉みこみペーパーで水気をとる。

❷ キャベツは千切り、トマトはくし切りにする。

❸ 卵を割りほぐし、残りの塩を合わせる。

❹ 中火で熱したフライパンにオリーブオイルをひき、こんにゃくを半分量のせ、❸を半分量加え、丸くなるように広げる。

❺ ❹に焼き色がついたら裏返し、1分ほど焼く。器にキャベツをひいたらその上にのせ、ソースをかけてトマトを添える。

こんにゃくの主菜レシピ

こんにゃくとチキンのグラタン

材料（2人分）

板こんにゃく……2枚
鶏もも肉……1/3枚
玉ねぎ……1/2個
オリーブオイル……小さじ1
白ワイン……大さじ1

A［バター：20g、小麦粉：大さじ2、塩：小さじ1/2、こしょう：少々］

牛乳……200ml
ピザ用チーズ……50g
パセリ……適量

作り方

❶ こんにゃくは3等分し2cm幅に、鶏肉は一口大に切り、玉ねぎはスライスにする。

❷ 中火で熱した鍋にオリーブオイルを入れ、鶏肉と玉ねぎを炒め、白ワインを加え蓋をして3分ほど蒸し焼きにする。

❸ 弱火にしてこんにゃくとAを炒め、粉っぽさがなくなってきたら、牛乳を少量づつ数回に分けて入れ木べらで合わせていく。

❹ 耐熱皿に❸を入れピザ用チーズをちらしトースターで焼き目がつくまで焼く。

❺ ちぎったパセリをちらす。

こんにゃくの主菜レシピ

ラム肉のプロヴァンス風

材料（2人分）

板こんにゃく……………………………1/2枚
ラム肉骨付きロースステーキ用
……………………………………200g（4枚）

A［塩:小さじ1/4、バジル粉:小さじ1/4、オレガノ粉:小さじ1/4、タイム粉:小さじ1/4、ローズマリー（乾燥ホール）:小さじ1/4、にんにく（みじん切り）: 1かけ、こしょう:少々、オリーブオイル:小さじ2］

白ワイン………………………………大さじ1
クレソン…………………………………適量

作り方

❶ こんにゃくは半分に切り、ペーパーで水気をとる。
❷ こんにゃくとラム肉にAを合わせ、30分以上冷蔵庫でなじませる。
❸ 中火で熱したフライパンにこんにゃくとラム肉を入れ、白ワインを加え蓋をし4分ほど蒸し焼きにする。
❹ 裏返し蓋をして3分ほど焼く。
❺ お好みでクレソンを添える。

こんにゃくの汁レシピ

こんにゃくのトムヤンクン

材料（2人分）

白こんにゃく……1枚
ブラックタイガー……4尾
しめじ……1/2パック
赤玉ねぎ……1/4個
パクチー……適量

A［唐辛子：2本、オリーブオイル：小さじ1］

鶏ガラだし（顆粒）……小さじ2

B［ナンプラー：小さじ2、レモン汁：小さじ1/2、塩：小さじ1/8、こしょう：少々］

作り方

1. 白こんにゃくは1cm厚のたんざく切りにし、ブラックタイガーは殻をむき背ワタをとる。しめじは石づきを取り除きほぐし、赤玉ねぎはスライス、パクチーはざく切りにする。
2. 鍋にAを入れ弱火で炒め、400mlの水、鶏ガラだしを加え中火で加熱する。
3. 沸騰したら白こんにゃく、ブラックタイガー、しめじ、Bを入れ、ブラックタイガーに火が通るまで加熱する。
4. 最後に赤玉ねぎを加え器に盛り、パクチーを添える。

こんにゃくの主菜レシピ

こんにゃくと鯖のしぐれ煮

材料（2人分）

板こんにゃく……1枚
鯖味付け（醤油味）……1缶
酒……大さじ1
青ねぎ……適量

作り方

❶ 板こんにゃくは3 等分にし1.5cm厚のたんざく切りにする。
❷ 鍋に缶詰の煮汁大さじ3と酒、❶を加え煮立たせる。
❸ 弱火にし鯖の身をそっと加え、温める程度加熱する。

こんにゃくの主菜レシピ

こんにゃくとあじのチーズ焼き

材料（2人分）

板こんにゃく……1/2枚
あじ3枚おろし……2尾
酒……大さじ1
生姜（すりおろし）……小さじ1/2
塩……小さじ1/8
こしょう……少々
スライスチーズ……2枚
パセリ……適量
ミニトマト……4個
サラダ菜……2枚

作り方

❶ こんにゃくは厚みを半分にし、それぞれ6等分に切り、ペーパーで水気をとる。スライスチーズは半分に切る。
❷ 酒と生姜を合わせ、あじになじませ5分おく。
❸ あじの水気をペーパーでとり、塩、こしょうをふり、こんにゃく、スライスチーズをのせる。
❹ 180℃に予熱したオーブンで10分ほど焼く。
❺ 器に盛り、ちぎったパセリをちらし、サラダ菜とミニトマトを添える。

こんにゃくの副菜レシピ

こんにゃくと揚げのステーキ

材料（2人分）

板こんにゃく………………………………1枚

A［だし汁：小さじ1、醤油：小さじ1］

油揚げ………………………………………2枚

オリーブオイル……………………小さじ1

B［にんにく（すりおろし）：小さじ1/4、醤油：小さじ2］

カイワレ大根……………………………適量

作り方

❶ 板こんにゃくは厚みを半分に切り、正方形になるように半分に切ってから、ペーパーで水気をとり、Aに5分ほど漬け込む。

❷ 油揚げは半分に切り、袋を開き熱湯をかけ冷ます。

❸ 油揚げに❶を挟み、中火で熱したフライパンにオリーブオイルをひき、両面焼き色がつくまで焼く。

❹ Bを加え両面になじませる。

❺ 4等分に切り、器に盛りカイワレ大根を添える。

こんにゃくの副菜レシピ

こんにゃく金平

材料（2人分）

つきこんにゃく……1袋
にんじん……1/2本
ごま油……小さじ1
A [だし汁: 20ml、酒:小さじ1、みりん:小さじ1、醤油:小さじ2]
白ごま……適量

作り方

❶ つきこんにゃくはざく切り、にんじんは太目の千切りにする。
❷ 中火で熱したフライパンに、ごま油と❶を入れ炒める。
❸ Aを加え水気がなくなるまで炒める。
❹ 器に盛り、白ごまをちらす。

こんにゃくの副菜レシピ

白こんにゃくの海藻サラダ

材料（2人分）

白こんにゃく……1枚
わかめ（塩蔵）……40g
サラダ用ボイルエビ……6尾

A［醤油:小さじ2、ごま油:小さじ1、酢:小さじ1］

作り方

❶ 白こんにゃくは細めのたんざく切りにする。熱湯でさっと茹でザルに上げ、粗熱が取れたらペーパーで水気をしっかりとる。

❷ Aと❶を合わせ10分ほど漬け込む。

❸ わかめを水洗いして戻し、ざく切りにする。

❹ ❷と❸をサラダ用ボイルエビと和える。

こんにゃくの副菜レシピ

玉こんにゃくのみぞれポン酢

材料（2人分）

玉こんにゃく……8個

A [米油：小さじ1/2、ポン酢醤油：小さじ1/2]

茄子……1本
米油……大さじ1
大根……100g
青ねぎ……適量
ポン酢醤油……適量

作り方

❶ 玉こんにゃくは熱湯で茹でザルに上げ、粗熱が取れたらペーパーで水気をとりAを合わせなじませる。
❷ 茄子を輪切りにして、大根はおろす。
❸ 中火で熱したフライパンに米油をひき、茄子を入れ両面に油をなじませてから弱火でじっくり焼く。
❹ 焼き色が付いたら裏返し焼き色が付くまで焼く。
❺ 器に❶、❹を盛り大根おろしをのせ、小口切りにした青ねぎをちらしポン酢醤油をかける。

こんにゃくの副菜レシピ

白こんにゃくのそぼろサラダ

材料（2人分）

白こんにゃく……………………………１袋

A［塩麹：小さじ2、オリーブオイル：小さじ1/2、レモン汁：小さじ1/2］

パクチー（水菜でも代用可）…………１株
ミニトマト………………………………2個
塩麹そぼろ………ティースプーン４杯分
（塩麹そぼろの作り方→P94）

作り方

❶ 白こんにゃくは細めのたんざくに切り、熱湯でさっと茹で粗熱が取れたらペーパーで水気をとる。

❷ ❶をAに５分ほど漬け込む。

❸ パクチーはざく切り、ミニトマトは４等分に切る。

❹ ❷と❸を合わせ器に盛り、塩麹そぼろをちらす。

こんにゃくの汁レシピ

野菜ごろごろ味噌汁

材料（2人分）

板こんにゃく……………………1/2枚
エリンギ……………………1本
パプリカ赤……………………1/2個
小松菜……………………2株
だし汁……………………300ml
味噌……………………大さじ1

作り方

❶ こんにゃくは1cm厚のたんざく切りにする。エリンギもたんざく切り、パプリカは乱切り、小松菜はざく切りにする。
❷ 中火で熱しただし汁に❶を加え野菜に火が通るように3～4分ほど加熱する。
❸ 味噌をとき火を止める。

こんにゃくの汁レシピ

こんにゃくと麦のスープ

材料（2人分）

白こんにゃく……1/2枚
押し麦……大さじ1
クレソン……3本
にんじん……10g
生姜……1/2かけ
だし汁……300ml
酒……大さじ1
醤油……小さじ1
塩……小さじ1/8

作り方

❶ 押し麦は、500mlの水を入れた鍋に30分以上浸し、そのまま中火で加熱する。沸騰したら弱火で15分ほど煮てザルに上げる。

❷ 白こんにゃくは細めのたんざく切り、クレソンはざく切り、にんじんと生姜は千切りにする。

❸ だし汁の入った鍋を中火にかけ、❶と❷、酒を加えてひと煮立ちさせ、醤油と塩を加える。

こんにゃくの副菜レシピ

こんにゃくピンチョス

材料（2人分）

白こんにゃく……1/2枚

A［オリーブオイル：小さじ2、レモン汁：小さじ1、塩：小さじ1/4、こしょう：少々］

きゅうり……1本
ミニトマト……3個

作り方

❶ こんにゃくは6等分し、ペーパーで水気をとりAに5分ほど漬け込む。

❷ きゅうりをピーラーで皮をむくよう薄いスライスを6枚作り、ミニトマトは半分に切る。

❸ ❶のこんにゃくの上に3つ折りにしたきゅうりとミニトマトをピックで留める。

こんにゃくの副菜レシピ

おからフムスこんにゃく添え

材料（2人分）

刺身こんにゃく ………………………… 8枚
塩 ……………………………………… 小さじ1/8

A［ひよこ豆水煮缶：100g、おから：10g、にんにく：1/4 かけ、だし汁：大さじ4、オリーブオイル：大さじ1、ねりごま（白）：大さじ1/2、醤油：小さじ1/2、塩：小さじ1/4］

作り方

❶ Aをフードプロセッサー又はブレンダーでなめらかになるまでかける。
❷ 刺身こんにゃくはペーパーで水気をとり、塩をもみ込み再度ペーパーで水気をとる。
❸ 器に盛り合わせる。

こんにゃくの副菜レシピ

刺身こんにゃくとトマトのサラダ

材料（2人分）

刺身こんにゃく……50g
トマト……1/2個
ツナ缶……1/2缶
コーン缶……大さじ1
A［米油：小さじ1、醤油：小さじ2］

作り方

1. 刺身こんにゃくはペーパーで水気をとる。
2. トマトは乱切りにする。
3. ❶と、❷とツナ、コーン、Aを合わせる。

こんにゃくの副菜レシピ

ビーツとこんにゃくのサラダ

材料（2人分）

白こんにゃく……1枚
ビーツ……1/2個
キヌア……大さじ1
枝豆……10粒
（加熱しさやから出したもの）

A［オリーブオイル：小さじ2、酢：小さじ2、塩：小さじ1/4、粗挽きこしょう：少々］

作り方

❶ キヌアをたっぷりの水に入れ、中火にかける。沸騰したら火をやや弱め、10分煮たら、茶こしなど目の細かいザルに上げる。
❷ 白こんにゃくは1.5cm角に切り、鍋でさっと茹でザルに上げ、粗熱が取れたらペーパーで水気をとる。
❸ ビーツは1.5cm角に切り、鍋で5〜6分茹で、ザルに上げる。
❹ ❶、❷、❸とAを合わせて、枝豆をちらす。

こんにゃくのデザートレシピ

こんにゃくフルーツポンチ

材料（2人分）

白こんにゃく……1枚
砂糖……大さじ1
いちご……3個
キウイ……1/2個
A［砂糖：大さじ2、レモン汁：小さじ1］
ディル……少々

作り方

❶ こんにゃくはひし形に切り砂糖でよく揉み込み水気をペーパーでとる。
❷ 水100mlとAを鍋に入れ煮溶かし、❶と合わせて冷蔵庫で冷やす。
❸ いちごは4等分し、キウイはいちょう切りにする。
❹ ❷と❸を合わせ器に盛り、ディルを添える。

こんにゃくのデザートレシピ

こんにゃくのきな粉黒蜜かけ

材料（2人分）

白こんにゃく……………………………1枚
きび砂糖…………………………小さじ2
A［きな粉：大さじ1、きび砂糖：小さじ1］
黒蜜……………………………………適量

作り方

❶ 白こんにゃくを台形に切り水気をペーパーでとる。きび砂糖をもみ込み10分おき、さらに水気をとる。
❷ 器に❶を盛りAをかけ、黒蜜をお好みの量かける。

こんにゃくのデザートレシピ

こんにゃく入りパンナコッタ

材料（2人分）

白こんにゃく……1/2枚
練乳（加糖）……大さじ1
A［生クリーム：80g、牛乳：80g、砂糖：大さじ2］
粉ゼラチン……3g
ミント……適量

作り方

❶ 白こんにゃくは1cm角に切りペーパーで水気をとり、練乳を揉み込み10分置き、軽く水気をとる。
❷ Aを鍋に入れ、弱火でかき混ぜる。60～70℃に温まったら火を止め、ゼラチンを加えてしっかりとかき混ぜ、❶を加える。
❸ 器に入れ、粗熱が取れたら冷蔵庫で2～3時間冷やす。ミントを添える。

こんにゃくのデザートレシピ

こんにゃく冷やしぜんざい

材料（2人分）

白こんにゃく……1/2枚
きび砂糖……大さじ1
小豆……100g
甘酒……50g
塩麹……小さじ1/2

作り方

❶ 白こんにゃくは2cm角に切り、ペーパーで水気をとったら、きび砂糖を合わせておく。
❷ 鍋に小豆と小豆が隠れるくらいの水を加え強火で10分ほど煮立て煮こぼす。
❸ 鍋に❷と水500mlを入れ、中火で20分煮た後、300mlの差し水をし15分煮る。再度水を300ml加え15分煮た後、甘酒と塩麹を加える（小豆を煮る際、沸騰したら火を少し弱める）。
❹ ❸の粗熱が取れたら冷蔵庫で冷やす（温めても美味しくいただけます）。
❺ ❶は食べる際に水気をとり、❹と合わせる。

将来の健康維持にも役立つ「咀嚼（そしゃく）」

私は10年以上、高齢者施設で栄養士として仕事をしてきました。
高齢者施設の食事には、素材を形のあるまま食べる常食、刻み食、ミキサー食と大きく分けて3種類あります。もともときちんと咀嚼（そしゃく）をする習慣のある方は、高齢者施設に入っても常食を長きに渡り食べ続け、ボケることもなくしっかりとお話される方が多かったように思います。

また、きちんと咀嚼（そしゃく）をすることで唾液の分泌量が増え、高齢者に起こりがちなむせ込みや誤嚥（ごえん）のリスクを減らすことが可能です。
今から咀嚼（そしゃく）する習慣をつけることで、腸筋も鍛えられ、将来を見据えた健康維持にも役立ちます。
食べるときにちょっと意識するだけで、すばらしい未来が待っているのです！

「腸筋を鍛えるスペシャルメニュー」

■雑穀ごはんと味噌汁

腸筋を鍛えるには1にも2にも咀嚼（そしゃく）が重要ですが、がむしゃらに冷凍こんにゃくだけを食べても理想とする結果は出ません。

そこで、腸筋を鍛えてお腹をペッタンコにするためのスペシャルメニューとして、主食の白米に雑穀を加えた雑穀

ごはんと具だくさん味噌汁がおすすめです。

これを軸にたんぱく質の入ったおかずを1品組み合わせます。雑穀を取り入れることで不足しがちな食物繊維やビタミン、ミネラルが補えます。雑穀は押し麦など1種類だけでもかまいません。白米に粒の大きさが違う雑穀をまぜることで自然に咀嚼回数が増えます。

炭水化物はエネルギー源であり熱を生み出します。中でもおすすめは穀類です。パンや麺類などの加工品は、添加物や油などの脂質が入りやすくなります。お水のみで炊く白ごはんや雑穀ごはんは、余計なものが入らずシンプルで脂質が低いのが特徴です。

白ごはんや雑穀ごはんを日常の主食として取り入れることで、バランスが整いやすくなります。

●いいことだらけ【ごはん編】

白ごはんを中心にすると、食事が効率よくエネルギーに変換され、体温が上がり始めます。体温が上がることで胃腸の働きが良くなり、基礎代謝も上がります。基礎代謝は体温が1℃上がると12％前後上がると言われています。基礎代謝とは、安静時でも消費されるエネルギーのことです。

基礎代謝が高ければ寝ている時でもエネルギーの消費量が多くなるため、痩せやすくなります。

代謝の高い体を作るための土台は白ごはんです。また、腹持ちが良いため間食を防ぐこともできます。

さらに、お腹ペッタンコを目指すなら咀嚼（そしゃく）が増える雑穀ごはんにしましょう。

●いいことだらけ【味噌汁編】

大豆からできている味噌は、良質なたんぱく質です。腸内環境改善や免疫力アップ、美肌作用などが期待できるでしょう。

味噌汁に旬の野菜とこんにゃくをたっぷり加えることで、1食分の野菜を摂ることができます。作るポイントは具材を大きく切って柔らかく煮すぎないことです。自然と咀嚼（そしゃく）が促されます。

しらたきの主菜レシピ

しらたき冷麺

材料（2人分）

しらたき……400g
キムチ……100g
茹で玉子……2個
きゅうり……1本
カイワレ大根……1/4パック
トマト……1/2個
A［だし汁：600ml、醤油：大さじ1、酒：大さじ1、みりん：小さじ1/2、塩：小さじ1/2］

作り方

❶ しらたきはざく切りにし手でほぐし、熱湯でさっと茹でザルに上げる。
❷ Aを合わせ麺つゆを作り冷蔵庫で冷やす。
❸ 茹で玉子は半分に、きゅうりは千切り、トマトはくし切りにする。
❹ 器に❶と❷を盛り、❸とキムチ、カイワレ大根をトッピングする。

しらたきの主菜レシピ

しらたきキャベツオムレツ

材料（2人分）

しらたき……1袋
キャベツ……1/8個
ベーコン……2枚
オリーブオイル……小さじ2
塩……小さじ1/8
こしょう……少々
A［卵：4個、牛乳：大さじ2、塩：小さじ1/4、こしょう：少々］
トマト……1/2個
パセリ……適量

作り方

❶ しらたきをざく切りし水気をとり、キャベツは太目の千切り、ベーコンはたんざく切りにする。
❷ 熱したフライパンにオリーブオイル小さじ1と❶を入れ炒め、塩、こしょうで味をつけ、フライパンから取り出す。
❸ 熱したフライパンにオリーブオイル小さじ1/2をひき、Aを半分加えスクランブルエッグを作るようにかき混ぜ、❷を半分のせオムレツを作る。
❹ 器に盛り付け、トマトとパセリを添える。

しらたきの主菜レシピ

夏野菜のペペロンチーノ

材料（2人分）

しらたき……1袋
ズッキーニ……1本
茄子……1本
パプリカ赤……1/2個
ベーコン……1枚

A［にんにく（みじん切り）:1かけ分、輪切り唐辛子:小さじ1、オリーブオイル:大さじ1］

白ワイン……大さじ1
塩……小さじ1/2
こしょう……少々

作り方

❶ しらたきはざく切りにして、ペーパーで水気をとる。ズッキーニは輪切り、茄子は半月スライス、パプリカは乱切り、ベーコンはたんざく切りにする。
❷ 熱したフライパンにAを加え弱火で炒めにんにくの香りがしてきたら、❶を加え中火で炒め、白ワインを加える。
❸ 塩、こしょうを加えて味をつけ、ズッキーニと茄子がしんなりするまで炒める。

しらたきの主菜レシピ

しらたきチャプチェ

材料（2人分）

しらたき……………………………1袋
牛肉切り落とし……………………100g
にんじん……………………………1/4本
ピーマン……………………………2個
にんにく……………………………1かけ
ごま油………………………………小さじ2

A［酒：大さじ1、醤油：大さじ1、きび砂糖：小さじ1、ナンプラー：小さじ1］

作り方

❶ しらたきはざく切りしペーパーで水気をとる。
❷ にんじん、ピーマン、にんにくは千切りにする。
❸ 熱したフライパンにごま油とにんにくを入れ弱火で炒め、牛肉を加え中火で炒める。
❹ 牛肉に半分火が通ったら、❶とにんじん、ピーマンを入れ炒める。
❺ Aを加え、汁気がなくなるまで炒める。

しらたきの主菜レシピ

しらたきの海鮮炒め

材料（2人分）

しらたき……1袋
シーフードミックス……200g
ちんげん菜……1株
A［オリーブオイル：小さじ2、にんにく（みじん切り）：1かけ］
ナンプラー……小さじ1

作り方

❶ しらたきはざく切りしペーパーで水気をとり、ちんげん菜はざく切りする。
❷ 熱湯に塩小さじ1/8（分量外）を入れシーフードミックスを加えて加熱し、ザルに上げる。
❸ フライパンにAを加えて弱火で加熱し、にんにくの香りがしたら❶を加え、中火で炒める。
❹ ❷とナンプラーを加える。

しらたきの主菜レシピ

しらたきともやしのキムチ炒め

材料（2人分）

しらたき……1袋
豚小間肉……100g
もやし……1/2袋
キムチ……100g
ニラ……2本
オリーブオイル……小さじ2
醤油……小さじ1/2
塩……小さじ1/8

作り方

❶ しらたきはざく切りしペーパーで水気をとる。
❷ ニラはざく切りする。
❸ 熱したフライパンにオリーブオイル、豚肉を加え中火で炒め、❶と❷、もやし、キムチを入れ、炒める。
❹ 醤油と塩で味を調える。

しらたきの副菜レシピ

カレーしらたきのサラダ

材料（2人分）

しらたき……1袋
A［カレー粉：小さじ1、塩：小さじ1/2］
レタス……3枚
ブロッコリー……3房
パプリカ黄……1/4個

作り方

❶ しらたきは0.5㎝の長さに切り、熱湯でさっと茹でザルに上げ、粗熱が取れたらペーパーで水気をしっかりとる。
❷ ❶とAを合わせる。
❸ レタスは手でちぎり、パプリカはスライスにする。
❹ ブロッコリーは熱湯に塩（分量外）をひとつまみ加え茹でる。
❺ 器に❸と❹を盛り、❷をちらす。

しらたきの副菜レシピ

しらたきとタコのマリネ

材料（2人分）

しらたき……1袋

A［レモン汁：大さじ1、オリーブオイル：小さじ2、塩：小さじ1/8、こしょう：少々］

タコ（刺身用）……100g
パセリ……少々

作り方

❶ しらたきはざく切りし熱湯でさっと茹でザルに上げ、粗熱が取れたらペーパーで水気をとり、Aと合わせる。
❷ タコはぶつ切り、パセリは粗みじん切りにする。
❸ しらたきとタコを合わせて器に盛り、パセリをちらす。

しらたきの副菜レシピ

しらたきのフルーツサラダ

材料（2人分）

しらたき……1袋
水菜……50g
オレンジ……1個

A［米油：大さじ1、レモン汁：小さじ1/4、きび砂糖：小さじ1/4、塩：小さじ1/8、こしょう：少々］

アーモンドダイス……適量

作り方

❶ しらたきはざく切りし、熱湯でさっと茹でザルに上げ、粗熱が取れたらペーパーで水気をとる。

❷ 水菜はざく切りにする。

❸ オレンジは果肉を取り出し、一部の果肉で果汁（大さじ1）を絞る。

❹ 果汁を混ぜたA、❶、❷を合わせて器に盛り、果肉を飾りアーモンドをちらす。

しらたきの副菜レシピ

しらたきとみょうがの和え物

材料（2人分）

しらたき……………………………1袋
にんじん……………………………20g
みょうが……………………………2個
大葉…………………………………2枚

A［生姜（おろしたもの）：小さじ1/2、醤油：小さじ2］

作り方

❶ しらたきはざく切りし、熱湯でさっと茹でザルに上げ、粗熱が取れたらペーパーで水気をとる。

❷ にんじん、みょうが、大葉は千切りにする。

❸ ❶、❷とAを合わせる。

しらたきの副菜レシピ

しらたきときゅうりのサラダ

材料（2人分）

しらたき……………………………………1袋
きゅうり……………………………………1本
塩麹サラダチキン…………………………50g
（塩麹サラダチキンの作り方→P98）

A［醤油：小さじ2、米油：小さじ1、酢：小さじ1/2］

作り方

❶ しらたきはざく切りし熱湯でさっと茹でザルに上げ、粗熱が取れたらペーパーで水気をとる。

❷ きゅうり、塩麹サラダチキンは千切りにする。

❸ ❶、❷とAを合わせる。

しらたきの副菜レシピ

しらたきと紫キャベツの甘酢炒め

材料（2人分）

しらたき……1袋
紫キャベツ……1/8個
パプリカ赤……1/4個
クレソン……2本
オリーブオイル……小さじ1
A [酢:小さじ2、きび砂糖:小さじ1、醤油:小さじ2]

作り方

❶ しらたきはざく切り、紫キャベツは繊維に沿って千切り、パプリカも千切り、クレソンはざく切りする。
❷ 熱したフライパンにオリーブオイルと❶を加え、中火で炒める。
❸ しんなりしてきたらAを加えさっと炒める。

しらたきの汁レシピ

しらたきのピリ辛スープ

材料（2人分）

しらたき……1袋
絹豆腐……1/2丁
しめじ……1/2パック
ニラ……1本
鶏ガラだし（顆粒）……小さじ1

A［醤油：小さじ1/2、酢：小さじ1/2、塩：小さじ1/4、こしょう：少々、ラー油：適量］

作り方

❶ しらたきはざく切りし、水気をとる。

❷ 豆腐は1.5cm角、しめじは石づきを取り除き手でほぐし、ニラはざく切りにする。

❸ お湯300mlに鶏ガラだし、❶、❷を加えひと煮立ちしたら、Aを加え1～2分加熱する。

しらたきの汁レシピ

ポタージュしらたき

材料（2人分）

しらたき……1袋
裏ごしコーン……100g
牛乳……200ml

A［洋風だし（顆粒）：小さじ1/2、塩：小さじ1/4、こしょう：少々］

パセリ……適量

作り方

❶ しらたきはざく切りし、水気を切り、パセリは粗みじん切りにする。
❷ 鍋にしらたきと裏ごしコーン、牛乳を加え火にかける。
❸ 沸騰させないように気をつけながら加熱し、Aを加え味をつける。
❹ 器に盛り付けパセリをちらす。

※ レトルトのポタージュスープでも作ることができます。

しらたきの副菜レシピ

しらたきふりかけ

材料（2人分）

しらたき……1/2袋
しらす……30g
ごま油……小さじ1
A［白ごま：大さじ1、青のり：小さじ1、塩：小さじ1/8］

作り方

❶ しらたきはペーパーで水気をとり、粗みじん切りする。
❷ フライパンにごま油、❶としらすを加え、弱火で水分を飛ばすように15〜20分くらい炒める。
❸ Aを加えよく合わせる。

しらたきの汁レシピ

しらたき入りわかめスープ

材料（2人分）

しらたき……1袋
わかめ（塩蔵）……20g
長ねぎ……1/4本
だし汁……300ml
酒……小さじ1
醤油……小さじ1
塩……小さじ1/8

作り方

1. しらたきはざく切りし水気をとり、わかめは塩を洗い流し水で戻しざく切り、長ねぎは小口切りにする。
2. だし汁に酒、しらたき、わかめを加えひと煮立ちさせ、醤油と塩を入れ最後に長ねぎを加える。

「咀嚼を促す食べ方」

■咀嚼が重要なのはなぜ？

糖質（でんぷん等）を分解してくれる酵素を含む「唾液」の分泌が増えるからです。

消化は、口の中で食べ物が唾液と混ぜ合わせられることから始まります。特にでんぷんが多く含まれる白ごはんや雑穀ごはんは、唾液によりスムーズに消化されます。胃はその食べ物をさらに消化し、腸へと送りこみます。結果、栄養素の吸収や排出へとつながります。

■ 食事の摂り方のポイントは?

温かいものから先に食べるようにします。

胃腸などの内臓器官は温めることで働きが良くなります。温かい汁物があれば、先に2~3口飲むといいです。汁物がなければ、温かい野菜料理から食べてください。

そして、肉や魚などのたんぱく質、ごはんなどの炭水化物へと食べ進めましょう。この時単品食べではなく、三角食べで結構です。口の中でいろいろな味を作りながら美味しさを感じて食事を楽しんでください。

「噛める」食事を摂る

腸筋を鍛えるために、あえて咀嚼（そしゃく）できる食べ物を取り入れましょう。

例えば、朝ごはんにスムージーやヨーグルトなどの液体や流動食を摂っている方は、極端に咀嚼（そしゃく）回数が少ないはずです。

たまに食べるには問題ありませんが、柔らかい食べ物に偏りすぎると胃も腸も怠けてしまい筋肉はゆるゆるに……。

すると、いつのまにか「たるんだだらしないお腹」の持ち主になってしまいます。

まずは噛める食事を積極的に摂り入れましょう。

日常の主食を見直す

咀嚼（そしゃく）を増やすための一番の方法は、日常的に食べる主食を見直すことです。1日3回の主食を見直すだけで、咀嚼（そしゃく）の回数が大幅に変わってきます。

主食がパンの場合

食パンやフランスパンなどは噛み応えがありますが、20回ほど噛んでいると口の中の水分が奪われて、コーヒーなどで流し込んでしまいがちです。それ以外のパンは、柔らかいものやふんわりしているものが多いので、しっかり噛むことはなかなか難しいです。

菓子パンで実験したところ、10回噛んだだけで食道へと移動してしまいました。私もパンは大好きですが、残念ながら噛める主食ではありません。

主食が麺類の場合

そばやうどん、ラーメンなどはすすって食べますからほぼ噛みません。パスタなども上品に食べたとしても咀嚼（そしゃく）は数回程度ではないでしょうか。

主食が白米の場合

白米は30回、50回、100回と噛み続けることができます。噛めば噛むほど唾液と混ざり、甘みが増してきます。さらに粒の大きさの違う穀類を混ぜることで、自然と咀嚼（そしゃく）回数が増えます。

このように、一番咀嚼（そしゃく）を促す主食は、白ごはんや雑穀ごはんということになります。日常的にパンや麺類が多いという方は、主食の部分だけで咀嚼（そしゃく）回数にかなりの差が出てきます。

できれば、1日のうち2食は白ごはんや雑穀ごはんを取り入れてみましょう。噛む回数を数える必要はありません。甘みを感じたら飲み込めばいいのです。

1つ注意点としては炊き込みご飯、ふりかけなどで味付けごはんにしないことです。味のついているごはんは、嚥下（えんげ）反射の関係で噛まずに飲み込みやすいのです。

腸筋を鍛える近道は、主食を白ごはんや雑穀ごはんを中心にして咀嚼（そしゃく）を増やしていくことです。小さな積み重ねが1か月後には大きな差を生むことでしょう。

■食事中の水分の摂り方

食事の時にお水やお茶が必要ですか？　必要な方は咀嚼（そしゃく）が不足しているかもしれません。

咀嚼（そしゃく）をしていると自然と唾液が出てきます。唾液がしっかり出ていると、飲み込みがスムーズになり食事中はほとんど水分を摂らずに食べ終えることができます。これが目指していただきたい食事の摂り方です。

ダイエット目的でコップ1杯のお水を飲みほしてから食事をする方もいますが、食事の前には体が食事を受け入れる準備をしています。胃では食べた物を消化する胃酸の分泌が行われています。そこにコップ1杯の水を流し込んでしまうと、胃酸が薄まり、消化力が落ちてしまいます。喉が渇いていれば別ですが、無理に飲むことは避けましょう。

■フェイスラインがスッキリする

咀嚼をすると顔周りがスッキリしてきます。顔のむくみが取れて目が大きくみえる方もいます。

私のおすすめは、白ごはんや雑穀ごはんを１口50回以上噛むこと。ただそれだけで見違えるように変わります。

私が試験的に一定期間、玄米を１口１００回意識して食べていた時、頬が筋肉痛になりました。こんなところに筋肉があったのか……と驚くと同時に、普段ほとんど使っていなかったことを反省するばかりでした。

美容の専門家である『美と健康のエステアテーナ』のオーナー堀越さんから、咀嚼することであご周りの筋肉が凝り固まるため、マッサージなどでほぐすとさらに小顔効果が出ると教えていただきました。

結果、フェイスラインがとてもスッキリして顔色も良くなりました。

食物繊維レシピ

あさりのマスタード炒め

材料（2人分）

板こんにゃく……………………………………1枚
あさり（砂抜きしたもの）…………200g
切干大根……………………………………10g

A［にんにく（みじん切り）:1かけ、オリーブオイル:小さじ2］

白ワイン……………………………大さじ1
粒マスタード………………………大さじ1
塩……………………………………小さじ1/4
パセリ………………………………………適量

作り方

❶ 板こんにゃくは1cm 幅のたんざく切りにして水気をとる。
❷ 切干大根は水で戻してからざく切りする。
❸ フライパンにAを入れ弱火で炒め、❶と❷とあさりを加え中火で炒め、白ワインを加えて蓋をし3～4分蒸し焼きにする。
❹ 粒マスタードと塩を加え炒める。器に盛り付けちぎったパセリをちらす。

食物繊維レシピ

おから入りドライカレー

材料（2人分）

板こんにゃく……1/2袋
おから……30g
合挽肉……100g
玉ねぎ……1/2個
ピーマン……2個
にんじん……1/3本
セロリー……1/4本
にんにく……1かけ
オリーブオイル……小さじ2
トマト水煮缶……1/2缶(200g)
白ワイン……大さじ1

A[洋風だし(顆粒):小さじ1、カレー粉:小さじ1、味噌:小さじ1、塩:小さじ1/2、こしょう:少々]

ごはん……適量
パセリ……適量

作り方

❶ 板こんにゃくは0.5cm角に切り水気をとる。

❷ 玉ねぎ、ピーマン、にんじん、セロリーとにんにくは粗みじん切りにする。

❸ フライパンにオリーブオイル、❷を加え弱火で炒めしんなりしてきたら、おからと合挽肉を入れて炒め、❶と水100ml、トマト水煮缶、白ワインを加えひと煮立ちさせる。

❹ Aを入れ、水分がなくなるまでかき混ぜながら煮込む。

❺ ごはん、❹を盛り付け、ちぎったパセリをちらす。

食物繊維レシピ

こんにゃくのおから白和え

材料（2人分）

つきこんにゃく……1袋
おから……40g
ほうれん草……1株
にんじん……20g

A［だし汁：50ml、醤油：小さじ1、みりん：小さじ1/4］

B［ねりごま（白）：大さじ1、すりごま（白）：小さじ1、醤油：小さじ1/2、塩：ひとつまみ］

作り方

❶ つきこんにゃくはざく切りし水気をとる。ほうれん草は2cm幅に切り、にんじんは小さめのたんざく切りにする。
❷ おからは500Wレンジで1分半加熱し冷ます。
❸ ほうれん草とにんじんはさっと茹でザルに上げ、水気をとる。
❹ 鍋にAとつきこんにゃく、❸を加え2～3分煮立たせ冷ます。
❺ ❷と❹、Bをよく混ぜ合わせる。

食物繊維レシピ

おくらとひじきのレモンサラダ

材料（2人分）

しらたき……1/2袋
干しひじき……2g
おくら……5本

A[醤油:小さじ2、レモン汁:小さじ1、米油:小さじ1]

作り方

1. ひじきは水で戻し、流水で洗う。
2. しらたきはざく切り、おくらは半分に切る。
3. ❶、❷を茹で、粗熱が取れたらペーパーで水気をとる。
4. Aと❸を合わせる。

食物繊維レシピ

こんにゃくとごぼうの梅サラダ

材料（2人分）

白こんにゃく……1/2枚
ごぼう……1/4本
梅干し……1個
甘酒……小さじ1/2
米油……小さじ1/2

作り方

❶ 白こんにゃくは1cm厚のたんざく切りにして茹でザルに上げ、冷めたらペーパーで水気をとる。
❷ ごぼうは皮をむき0.5cm厚の斜め切りにして茹で、水気をとる。
❸ 梅干しは種を取り除き包丁でたたく。
❹ ❸と甘酒、米油をよく合わせる。
❺ ❶、❷、❹を和える。

味噌玉を作り置きして便利に活用

材料（味噌玉10個分）
味噌……………100g
かつお節…………3g
切干大根…………10g
乾燥わかめ………5g
クコの実…………10個
花麩………………5枚

材料を混ぜ合わせ、ラップに包んで冷蔵庫で保存すれば、1週間は日持ちします。

お湯で溶かせば即席味噌汁の完成です！
冷凍刺身こんにゃくなどを加えればさらに咀嚼（そしゃく）も増え、腸筋を鍛えることができます。
乾燥わかめや、切干大根などの乾燥野菜は日持ちするため、買い置きにぴったりです。雑穀ごはんも毎朝炊くのが難しいという方は、休日にまとめて炊いて冷凍しておきましょう。

発酵食品レシピ

甘酒味噌おにぎり

材料（2個分）

ごはん……240g

A［甘酒:大さじ2、味噌:大さじ1、酒:小さじ1］

米油……小さじ1
大葉……2枚

作り方

❶ Aを合わせ500 Wレンジで1分半加熱する。

❷ おにぎりを2個作り、片面に❶をぬる。

❸ 弱火で熱したフライパンにオリーブオイルをひき、おにぎりの味噌のついている面を下にして焼き、上面に❶をぬる。

❹ 焼き色が付いたら裏返し、焼き色が付くまで焼く。

❺ 大葉の上に❹をのせる。

発酵食品レシピ

甘酒ポークチャップ

材料（2人分）

豚ロース肉（とんかつ用）
……………………………………2枚（240g）
塩、こしょう……………………………少々
しらたき……………………………1/2袋
オリーブオイル…………………小さじ1
白ワイン……………………………大さじ1
A［ケチャップ：大さじ3、甘酒：大さじ2、ウスターソース：大さじ1］
スナップエンドウ…………………4本
ヤングコーン（水煮）……………4本

作り方

❶ しらたきはざく切りし水気をとる。
❷ 豚肉にフォークで穴をあけ、塩、こしょうをふる。
❸ 中火で熱したフライパンにオリーブオイルと❷を入れ、焼き色が付いたら裏返し白ワインを加え蓋をして中火で３～４分ほど焼く。
❹ Aを加え豚肉と絡め器に盛り、❶を入れ残りのタレとよく絡め豚肉にのせる。
❺ スナップエンドウを熱湯に塩（分量外）をひとつまみ加え茹で半分に切り、ヤングコーンと共に添える。

発酵食品レシピ

甘酒酢豚

材料（2人分）

板こんにゃく……1枚
豚ロース角切り……100g
片栗粉……小さじ2
オリーブオイル……大さじ2と1/2
玉ねぎ……1/2個
ピーマン……1個
にんじん……1/4本
酒……大さじ2

A[酢:大さじ3、甘酒:大さじ2、ケチャップ:大さじ2、醤油:大さじ1]

作り方

❶ 板こんにゃくは1cm幅のたんざく切りにして水気をとる。玉ねぎ、ピーマンは乱切りにし、にんじんはいちょう切りにする。

❷ 豚肉に片栗粉をはたく。フライパンにオリーブオイル大さじ2を入れ豚肉に絡め、転がしながら弱火で焼く。両面に焼き色が付いたら、蓋をして2～3分焼き一度取り出す。

❸ フライパンにオリーブオイル大さじ1/2、❶を入れ中火で炒め、酒を加えさらに炒める。

❹ ❷をフライパンに戻し、Aを入れ全体に絡める。

発酵食品レシピ

鶏肉の甘酒煮

材料（2人分）

白こんにゃく……1枚
鶏もも肉……1/2枚

A［だし汁：200ml、甘酒：大さじ3、醤油：大さじ1と1/2］

いんげん……4本

作り方

❶ 白こんにゃくは2cm厚のたんざく切りにして水気をとる。鶏肉は一口大に切る。
❷ Aを煮立たせ❶を加え落し蓋をして10分煮る。
❸ いんげんは熱湯に塩（分量外）をひとつまみ加え茹でる。
❹ ❷を器に盛り、いんげんを添える。

発酵食品レシピ

甘酒アーモンドディップ

材料(2人分)

板こんにゃく……………………………1/2枚
塩……………………………………小さじ1/8
アスパラガス……………………………1本
クラッカー………………………………適量

A[アーモンドパウダー:大さじ4、だし汁:大さじ2、味噌:大さじ1/2、甘酒小さじ1]

作り方

❶ 板こんにゃくを4等分に切り、さっと茹でザルに上げ、粗熱が取れたらペーパーで水気をとる。塩を揉み込み、さらに水気をとりピックをさす。

❷ アスパラガスは根元を切り落とし、固い部分をピーラーでむき、4等分に切ってから熱湯に塩(分量外)をひとつまみ加え茹でる。

❸ Aを合わせ器に入れ、❶、❷とクラッカーを盛り合わせる。

発酵食品レシピ

甘酒アイス

材料（2人分）

白こんにゃく……1/4枚
甘酒……大さじ1/2
A［甘酒：150g、無調整豆乳：100ml］

作り方

❶ 白こんにゃくは0.5cm角に切り、ペーパーで水気をとり、甘酒をもみ込む。
❷ Aを入れた容器に❶をまんべんなく入れ、冷凍庫で半日冷やし固める。

発酵食品レシピ

甘酒カップチーズケーキ

材料(2人分)

板こんにゃく……1/4枚
甘酒……大さじ1/2

A [甘酒:大さじ5、クリームチーズ:50g、卵:1個、生クリーム:50g、小麦粉:大さじ2]

粉砂糖……適量

作り方

❶ 板こんにゃくは1cm角に切りペーパーで水気をとり、甘酒をもみ込む。
❷ Aをプロセッサー、ミキサー、ブレンダーなどで混ぜ合わせる。(なければ泡だて器でしっかり合わせる)
❸ 器に❷を入れ❶を加え、180℃に予熱したオーブンで25～30分焼く。
❹ 粉砂糖をふる。

発酵食品レシピ

塩麹酢飯の彩ちらし

材料（2人分）

ごはん……400g

A［酢：大さじ2、液体塩麹：大さじ1、砂糖：小さじ1］

白こんにゃく……1/2枚

B［酢：小さじ2、液体塩麹：小さじ1、砂糖：小さじ1/2］

C［卵：1 個、液体塩麹：小さじ1/2、甘酒：小さじ1］

オリーブオイル……小さじ1
大葉……2枚
刻みのり……適量
まぐろ（刺身用）……50g
サーモン（刺身用）……50g
いくら（生食用）……10g
醤油……適量
わさび……適量

作り方

❶ 温かいごはんにAをしゃもじで切るように合わせ冷ます。

❷ 白こんにゃくは1.5cm角に切り、さっと茹でザルに上げ水気をとり、熱いうちにBに漬け込む。

❸ 玉子焼き用のフライパンにオリーブオイルをひき、Cを入れ薄焼き卵を作る。粗熱が取れたら千切りにする。

❹ 大葉は千切りにする。

❺ 器に❶を盛り、刻みのりと❸、❹をちらし、❷と1.5cm角に切ったまぐろとサーモン、いくらをトッピングする。

❻ お好みで醤油をかけ、わさびを盛る。

発酵食品レシピ

塩麹おからそぼろ

材料（2人分）

板こんにゃく……1/3枚
鶏ひき肉……100g
おから……20g
オリーブオイル……小さじ1/2
酒……大さじ1
塩麹……大さじ1と1/2

作り方

❶ こんにゃくは0.5cm角に切りペーパーで水気をとる。
❷ オリーブオイルをひいたフライパンに❶と鶏肉を入れ中火で炒め、半分火が通ったらおからと酒を加えさらに炒める。
❸ 塩麹を加え、こんにゃくの水分がなくなるまで炒める。

発酵食品レシピ

塩麹豆腐七味かけ

材料（２人分）

絹豆腐 1/2丁
塩麹 大さじ２
七味唐辛子 .... 適量

作り方

❶ 絹豆腐は半分に切り、キッチンペーパーが重ならないように豆腐全体を覆う。
❷ キッチンペーパーの上から塩麹を塗り２日間冷蔵庫でなじませる。
❸ キッチンペーパーを外し３等分に切り、器に盛りつけ七味唐辛子をかける。

発酵食品レシピ

厚揚げと小松菜の塩麹炒め

材料（2人分）

板こんにゃく……1枚
厚揚げ……1枚（150g）
小松菜……2株
にんじん……20g
オリーブオイル……小さじ1

A［塩麹：大さじ2、醤油：小さじ1、生姜（すりおろし）：小さじ1/2］

作り方

❶ こんにゃくは1cm幅のたんざく切りにして水気をとる。
❷ 厚揚げは熱湯をかけ油抜きをする。
❸ 厚揚げは1cm幅のたんざく切り、小松菜はざく切り、にんじんはたんざく切りにする。
❹ 熱したフライパンにオリーブオイル、❶、❸を入れ中火で炒め、小松菜がしんなりするまで炒める。
❺ Aを加え炒める。

塩麹チキンの高野豆腐粉唐揚げ

材料（2人分）

A［板こんにゃく：1/2枚、塩麹：大さじ2］

B［鶏もも肉：1枚（約250g）、塩麹：大さじ2］

高野豆腐粉……………………………大さじ4
揚げ油……………………………………適量
レタス……………………………………1枚
トマト…………………………………1/2個

作り方

❶ Aの板こんにゃくは一口大に切り、水気をとり塩麹をもみ込む。
❷ Bの鶏肉は一口大に切り、塩麹をもみ込む。
❸ ❶、❷共に高野豆腐粉を付け170℃に熱した油で揚げる。Aは30秒、Bは4～5分揚げる。
❹ 器に盛り、レタス、トマトを添える。

発酵食品レシピ

塩麹サラダチキン

材料（2人分）

鶏もも肉……………………1枚（約250g）
塩麹……………………………………大さじ3
ブロッコリー……………………………4房
ラディッシュ……………………………2個

作り方

❶ 鶏肉は両面にフォークで穴をあけ、塩麹をもみ込む。皮目を内側にしてくるくる巻いてファスナー付きのポリ袋に入れる。

❷ 炊飯器に熱湯と❶を入れ保温モードにする。

❸ 2時間後に取り出し、冷ましてから切り分ける。

❹ 熱湯に塩（分量外）をひとつまみ加えブロッコリーを茹でる。

❺ ❸を器に盛り、ブロッコリーとラディッシュを添える。

発酵食品レシピ

冷凍こんにゃく入り塩麹納豆

材料（2人分）

板こんにゃく……………………………1/2枚
塩麹…………………………………大さじ1
小粒納豆……………………………1パック
青ねぎ……………………………………適量

作り方

❶ 板こんにゃくは0.5cm角に切り、ペーパーで水気をとり塩麹小さじ1/2をもみ込む。
❷ 青ねぎは小口切りにする。
❸ 納豆、❶、残りの塩麹を合わせ、器に盛り青ねぎをちらす。

腸筋を動かすための心得

■朝食を摂ることで腸筋は活発に動く

朝食を摂るメリットは、腸を動かし、1日の中で一番低い体温を上げることにあります。

朝、食事をすると胃腸が活発に動き、排便を促します。そのためには、炭水化物をきちんと摂って、体温を上げる必要があるのです。これにより体の調子も上がってくると思います。

朝食を摂ると、昼食後の血糖値の上昇がゆるやかになり、1日を通して血糖値が安定します。

血糖値がグンと上がってしまうと、脂肪が蓄えられ、太る原因にもなります。お腹を凹ませるためにも、朝食を摂る習慣を身につけましょう。

朝食におすすめのメニューは、腸を温め咀嚼（そしゃく）できる雑穀ごはんと味噌汁の基本食です。味噌汁には咀嚼（そしゃく）を促す冷凍こんにゃく、そして豆腐や卵、新鮮な野菜をたっぷり入れましょう。

朝は時間がなくて作っていられないという方は、レトルトの味噌汁でも大丈夫です。レトルトの味噌汁に、手で水気をギューッと絞った冷凍刺身こんにゃくや玉こんにゃくを加えてください。

■メニューに発酵食品を取り入れる

日本には、味噌、醤油、みりん、酒、酢、塩麹、甘酒、ぬか漬けなどの漬物、納豆などの発酵食品が豊富にあります。

これらの食材には、**酵素が含まれ、発酵する過程でアミノ酸やビタミン、ミネラルなどの栄養素が吸収しやすい状態に変化しています。**例えば茹でた大豆を食べるよりも、味噌や納豆を食べた方が栄養素の吸収は良くなります。

また酵素は、代謝にも大きくかかわっています。『最近太りやすくなったな』という方は、代謝が落ちているかもしれません。ちなみに、体内で酵素が活発に働く温度帯は36・5〜37・0℃です。体温が低いともったいないですよね。

発酵食品は風味が豊かで旨味が増すため、飽きずに食べられるのもメリットです。

中でも味噌は、ビタミン類やたんぱく質を構成するアミノ酸などが豊富で、腸内環境を整える働きもある素晴らしい食品です。

『味噌は塩分が高いから血圧が気に

なる』という方がいらっしゃいますが、実は**味噌には血圧を安定させる作用**もあります。

さらに味噌汁に栄養豊富な旬の野菜をたっぷり入れて「食べる味噌汁」にすると、おかずをたくさん作る必要もなくなります。

和え物や炒め物、煮物などのおかずが減ることで塩分や油分の摂取量を減らすことができるのです。

本書のレシピでも、腸内環境を整え、お腹ペッタンコを目指すプラスαの発酵食品として塩麹や甘酒を

掲載しています。

塩麹は塩の代わりに使え、減塩にもつながりやすくなります。甘酒は砂糖の代わりとして料理にも重宝します。

ビタミンB群が豊富で食べた物の代謝を促す働きもあります。お肉やお魚を塩麹や甘酒で漬け込めば身が柔らかく、旨味が増しさらに美味しい1品が完成です。

腸が綺麗になれば、免疫力がUPし、肌艶なども良くなってきます。腸筋を鍛えることと一緒に行えば、どんどん美しく健康になれるのです。

朝食にたんぱく質を摂取する

食事＝カロリー摂取と思っている方もいらっしゃいますが、実は食事＝カロリー消費なのです。

食事をすると体が熱くなりませんか？　これは消化吸収する際に熱が発生しているからです。このエネルギーの代謝のことを食事誘発性熱代謝（ＤＩＴ）と言います。ＤＩＴは、朝が一番高いと言われているため、**朝食を食べないことはエネルギーを消費する機会を減らしているのと同じこと**になります。

ＤＩＴを高めるには、炭水化物である白ごはんや雑穀ごはんを土台にたんぱく質を摂取することがポイントになります。つまり**味噌汁とごはん**

のセットがベストということです。

ちなみにエネルギー代謝の中で一番の消費を占めているのは基礎代謝です。太らない体質を作るためには基礎代謝を上げることが大切となり、基礎代謝を上げるためには筋肉が必要となります。

運動習慣のない方はしっかり咀嚼(そしゃく)し、**胃と腸の筋肉を動かす食べる筋トレから始めましょう。**

太りやすい人の習慣

仕事柄、朝食から昼食までの時間が長い。または昼食から夕食までの時間が長いということはありませんか？

食間が空く場合は、補食を入れるようにしましょう。おにぎりがベストですが食べられる環境ではないときは、ナッツ類だけでも構いません。ナッツの場合は油で揚げている物ではなく、ローストしてあるものを数個つまむと良いでしょう。

食事の時間が8時間以上（睡眠を除く）空くと、体が危険を感じ消費エネルギーを抑え始めます。その生活が長く続くと、摂取したカロリーを溜め込むようになり、結果、体脂肪となります。またお腹が空きすぎることで食べすぎの原因にもなります。

食事と食事の時間が長く空きすぎる方は補食で調節しましょう。

■遅い時間の夕食

夕食はできれば寝る3時間前には食べ終わってほしいですが、仕事などで食べる時間が遅くなる場合もあるでしょう。**食べる時間が遅くなっても腸筋を鍛え、ポッコリお腹を凹ませるためには必ず夕食を摂ってください。**寝ている間に新陳代謝が活発に行われるため、エネルギー源や体の材料となる栄養素をきちんと食べることで質のいい細胞が作られるのです。

夕食から寝るまでの時間が短い場合は、**消化の良いごはんと味噌汁を中心にしましょう。**脂質や動物性たんぱく質の多いおかずは消化に時間がかかります。揚げ物や肉類などのおかずは量を減らしたり、翌日に回したりして、できるだけ脂質の少ない納豆などの大豆たんぱく質を摂るようにしましょう。しっかり咀嚼（そしゃく）するためにも、味噌汁などに冷凍こんにゃくを加えてみてくださいね。

■デトックスできていますか？

人間の最大のデトックスは便と尿です。ここから体が不要になった毒素を出していきます。

特に便はデトックス機能のおよそ7割を担っています。便は食べカス以外に腸内細菌の死骸も含んでいますので、便秘になれば体に良くない影響をもたらしそうなことは一目瞭然です。

口からお尻までは1本の管でつながっており、食べたものが体の中を通過してきます。腸内環境が良いか悪いか。消化が良いかどうか。咀嚼（そしゃく）して食べたかどうかまで、便を見れば分かります。

腸内環境が良い便は、黄色から黄土色のバナナのようにスルっと1本つ

ながって排便される状態です。量的にはバナナうんち2本分が理想です。臭いはあまりないはずです。

便の色が黒っぽい時は、腸内環境が良くない状態です。お肉や揚げ物が多いと悪玉菌が優位な状態になりやすく、スムーズなデトックスが難しくなることもあります。

食物繊維が豊富な食品を取り入れることで、腸内環境も改善されるはずです。

お酒の席での心得

飲み会の席などでは、**始めにおくらやとろろ、納豆、海藻などのネバネバした食品、枝豆や豆腐、小松菜やほうれん草などの色の濃い野菜、きのこ類などから食べる**ようにしましょう。

すると、これらの食材が後から食べるものの消化吸収を助け、胃の負担を軽くします。これらを食べた後なら、お肉やお魚を食べても大丈夫です。

また、**〆にはごはんと味噌汁を選ぶようにしましょう。**アルコールの分解で働いていた肝臓と全身にエネルギーを送ります。そうすることで前日の疲れを感じさせず、翌日も胃腸が元気に働きいつも通りに食事ができることでしょう。

40歳過ぎてもノーファンデーションでいられる美肌の秘密

ごはん生活を始めるとお肌が潤います。食べた白ごはんや雑穀ごはんなどの糖質は、グリコーゲンという形で筋肉や肝臓に水分子と一緒に貯蔵されます。そのためお肌が潤うのです。またごはんをしっかり食べていると代謝も上がり血行が良くなることで顔色も良く、ノーファンデーションでいられるというわけです。

■外食のときの心得

昼食をコンビニなどで購入される方もいらっしゃいますよね。最近はコンビニも健康に気を使った商品がずらりと並び選択の幅がとても広がりました。

コンビニを利用する場合は、おにぎり2~3個、カップの具だくさん味噌汁、おでん（こんにゃく、大根、玉子）がおすすめです。

おにぎりは麦入りのものなども売られていますよね。カップの味噌汁もフリーズドライの技術によりお湯で溶かすだけでたくさんの野菜を食べることができるようになりました。おでんのこんにゃくから食物繊維が摂れますし、大根をプラスすることで満足感も得られます。

もし、近くにおにぎり屋さんがあれば、そういったお店も活用しましょう。私もよくお世話になっています。雑穀や玄米のおにぎりがあれば一つはそれをチョイスします。

玄米は消化がよくありませんのでたくさんの咀嚼（そしゃく）を必要とします。急いでいる時などは消化の良い白米を選びましょう。

一つは梅干しや味噌、昆布などシンプルなもの、もう一つは鮭やしらす、たらこなどたんぱく質が入っているものを選びます。さらに、豚汁などの味噌汁があればいいですね。

お店で食事をする場合は、雑穀ごはんが選べる和食屋さんを利用するといいでしょう。

頑張りすぎないダイエット豆知識

■ローカロリーはヘルシー？

ローカロリーや低カロリーの食品は「ヘルシーで健康に良い」というイメージを持たれている方も多いのではないでしょうか？

カロリーとは体の中に取り入れたときに、どれくらいの熱を生むのかを数字で表したものです。そのためローカロリーや低カロリーの食品ばかり食べていると熱が作り出されないため、体が冷えやすくなり、体温が下がる可能性もあります。

■健康のために腹8分目？

健康やダイエットのために腹8分目にしておこうという場合、実際はあと2分は食べたいけれど我慢している状態です。

少し物足りない状態では腹持ちが悪くなり、次の食事まで待ちきれず何か食べたくなり、間食としてつまんだ菓子類によっては脂質を摂り過ぎてしまう可能性もあります。せっかく腹8分目にしたのにこれではもったいないですよね。

食事は「あー美味しかった。」と満足感が得られ幸せな気持ちになれる量を食べることをおすすめします。

■ 雑穀は混ざっている種類が多いほど良い？

たくさんの種類の入った雑穀を目にします。中には20穀以上入っているものもありますが、多ければ良いという事ではありません。**雑穀は質がとても重要です。産地が書かれているもの、割れたり欠けたりしていないものを選ぶようにしましょう。**スーパーで手軽に購入できる押し麦1種類でも構いません。

家族で雑穀が苦手な方がいる場合には炊き分けることもできます。お米を洗い炊飯器に入れたら端の方に雑穀を入れます。その状態で炊くと半分が雑穀ごはん、半分が白ごはんになります。

赤米や黒米のように色がついている雑穀の場合は、白米に色素が移ってしまうため、あわやひえなど色のつかない雑穀がおすすめです。

雑穀の種類

小粒で消化が良い。離乳食にも使用可。

ひえ	善玉コレステロールを増やす
あわ	脂質の代謝を改善
きび	動脈硬化を予防し、善玉コレステロールを増やす

腸内環境を整え、美肌効果も！

たかきび	抗酸化作用、便秘の予防
大麦	腸内環境の改善、内臓脂肪減少
はとむぎ	吹き出物の予防、鎮痛、健胃、整腸
そばの実	血行がよくなる、血管の老化を防ぐ
黒米	抗酸化作用、血行がよくなる

■夕食は米抜き？

糖質オフなどの流行りから「夕食はお米を食べない」という方もいらっしゃいます。

しかしお米を食べないとカロリーのバランスが崩れます。

カロリーがある栄養素は炭水化物、脂質、たんぱく質です。お米は炭水化物ですから食べないと、脂質とたんぱく質の割合がグンと増えてしまい、カロリーのバランス（7ページ参照）が崩れてしまいます。

バランスが崩れることでカロリーを消費しにくくなり、体脂肪として蓄えられやすくなります。お米を食べることで満腹中枢が刺激され食べすぎ防止にもつながりますから、適度に食べた方が良いでしょう。

■ 野菜は生で食べる？

生野菜で食べることができる野菜はレタス、トマト、きゅうりなど夏野菜が多いのが特徴です。

夏野菜は体を冷やす作用がありますので、冬にたくさん食べることで体を冷やしやすくなります。

また、レタスなどはカサ増しにはなりますが、摂取できる栄養素の量はそれほど多くありません。

ごぼうや蓮根、南瓜、ブロッコリー、ほうれん草など加熱を必要とする野菜を選ぶことで量をしっかり食べることができ、摂れる栄養素の量も増やすことができます。

生野菜と加熱した野菜を組み合わせて食べると良いでしょう。

■食事を制限して運動すればやせる？

〝ぽっこりお腹を凹ませたいから〟〝ダイエットしたいから〟という理由で運動を取り入れる方もいらっしゃることと思います。

中には食事を抜いたり、制限したりして運動されるという方もいらっしゃいますが、残念ながらＮＧです。

筋肉が落ち、体温が下がりやすくなります。

運動中は体が熱くなるけれども、運動後はあっという間に体が冷えてしまう方は、食事によるエネルギーが不足しているサインかもしれません。食事から栄養素を摂り運動することで筋肉も作られますから、必要な量は食べるようにしましょう。

お酒を飲むときは炭水化物を控える？

「お酒を飲むときはおかずだけ」という男性の話をよく伺います。しかし、おかずだけでは脂質が多くなりすぎて、栄養素のバランスが崩れてしまいます。お酒を飲んだ後は、脂質の少ないごはんでバランスを整えましょう。

ごはんを食べておけば後になって脂質の高いラーメンなどを食べることもないでしょう。ただし、お茶漬けは噛まずに食べられるためＮＧです。

私は家飲みのときは、雑穀ごはんを食べながら、ビールやハイボールを飲んでいます。

お酒の飲みすぎだけでなく、おかずの食べ過ぎも防ぐことができます。

■サプリメントで栄養素を補う？

栄養素は一つだけでは機能せず、何種類かの栄養素が絡み合うことで、本来持っているパワーを発揮してくれています。

そのため、**ある種類の栄養素のみを摂取しても、その栄養素のパワーは引き出せなかったり、一つの栄養素を過剰に摂ることで、他の栄養素の吸収を妨げてしまう**こともあります。

また長期に渡りサプリメントを摂取することは、高栄養のものが簡単に吸収できる期間が長くなるため、腸の機能が衰えてしまうことにもつながります。

腸筋を鍛えている間は極力控えるようにしましょう。

玄米と雑穀の違い

玄米：デトックス用
雑穀：代謝アップ用

玄米のメリットは、デトックス力が強いこと。体に溜まった老廃物を出したいときにおすすめです（消化が悪いため小さなお子様やお年寄りの方にはおすすめしません）。
雑穀は代謝を促すビタミンB群やマグネシウムが豊富です。代謝を高めたい場合は雑穀を食べるようにしましょう。雑穀は消化も良いため、毎食取り入れられる食材です。中でも小粒のあわ、ひえ、きびなどの雑穀は、小さなお子様やお年寄りの方でも安心してお召し上がりいただけます。

おわりに

いかがでしたでしょうか？

健康でいるために食事を選ぶのではなく、将来を楽しく過ごすために健康を保てる食事を選びたいですよね。

食生活において食べてはいけないものはありません。

食は楽しむためのものです。美味しいものを「美味しい」と感じることを大切にして生きていきたいと思っています。

咀嚼（そしゃく）することは時間を必要としますがお金はかかりません。咀嚼（そしゃく）する時間はお金では買えませんから、時間を作るしかありません。貴重な時間を使うのですから価値のある時間にしなければもったいないです。

咀嚼（そしゃく）するだけで腸筋が鍛えられお腹が凹み、便秘が改善し、フェイスラインがスッキリなどいいことだらけです。そしてたくさんの方々に健康や美容のためにぜひこのメソッドを取り入れ、お腹がペッタンコの人が増えてほしいと願っています。

食事が変われば、アクティブに活動でき、見た目も若々しくなっていきます。どんどん人生がハッピーになることでしょう。

この本を出版するにあたりご協力くださった、私の師匠であります、日本健康食育協会代表理事の柏原ゆきよ先生、顔周りの筋肉について教えてくださった「美と健康のエステアテーナ」オーナー堀越真由美さま。そして、咀嚼（そしゃく）によりお腹がスッキリする体験を試してくださった金子店長をはじめ従業員の皆さま。私のメソッドを書籍として形にしてくださったリピックブックの諏訪部伸一さま、江川淳子さま、本当にありがとうございました。その他ご協力、応援してくださったすべての皆さまに心から感謝いたします。

最後までお読みいただき、ありがとうございました。

節約美容料理研究家　金子あきこ

おなか ぺったんこ 腸筋レシピ

2019年4月30日 第1刷発行

著者 金子 あきこ
フォトグラファー 大熊 和男
フードスタイリスト 宮沢 史絵
アシスタント 那倉 幸恵

編集人 江川 淳子、諏訪部 伸一、野呂 志帆
発行人 諏訪部 貴伸
発行所 repicbook（リピックブック）株式会社
〒353-0004 埼玉県志木市本町5-11-8
TEL 048-476-1877
FAX 048-483-4227
https://repicbook.com
印刷・製本 株式会社シナノパブリッシングプレス

 ISBN978-4-908154-17-1